essentials

essentials liefern aktuelles Wissen in konzentrierter Form. Die Essenz dessen, worauf es als „State-of-the-Art" in der gegenwärtigen Fachdiskussion oder in der Praxis ankommt. essentials informieren schnell, unkompliziert und verständlich

- als Einführung in ein aktuelles Thema aus Ihrem Fachgebiet
- als Einstieg in ein für Sie noch unbekanntes Themenfeld
- als Einblick, um zum Thema mitreden zu können

Die Bücher in elektronischer und gedruckter Form bringen das Expertenwissen von Springer-Fachautoren kompakt zur Darstellung. Sie sind besonders für die Nutzung als eBook auf Tablet-PCs, eBook-Readern und Smartphones geeignet. essentials: Wissensbausteine aus den Wirtschafts, Sozial- und Geisteswissenschaften, aus Technik und Naturwissenschaften sowie aus Medizin, Psychologie und Gesundheitsberufen. Von renommierten Autoren aller Springer-Verlagsmarken.

Brigitte Souveton-Reichel • Hatto Brenner

Projekt- und Geschäftsanbahnung in Frankreich

Grundwissen auf den Punkt gebracht

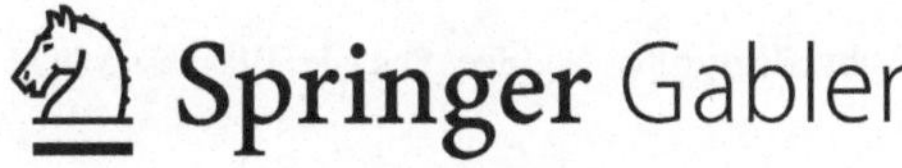

Brigitte Souveton-Reichel
Külsheim
Deutschland

Hatto Brenner
Erlangen
Deutschland

ISSN 2197-6708
essentials
ISBN 978-3-658-12835-7
DOI 10.1007/978-3-658-12836-4

ISSN 2197-6716 (electronic)

ISBN 978-3-658-12836-4 (eBook)

Die Deutsche Nationalbibliothek verzeichnet diese Publikation in der Deutschen Nationalbibliografie; detaillierte bibliografische Daten sind im Internet über http://dnb.d-nb.de abrufbar.

Springer Gabler

Gedruckt auf säurefreiem und chlorfrei gebleichtem Papier

Springer Fachmedien Wiesbaden ist Teil der Fachverlagsgruppe Springer Science+Business Media
(www.springer.com)

Was Sie in diesem *essential* finden können

- Eine Übersicht über die Struktur und Systeme des Landes
- Einen Überblick über die Wirtschaftssektoren und deren Entwicklungspotenzial
- Einen Einblick in die französische Kultur
- Einen Überblick über das Leben und Arbeiten in Frankreich, sowie der kulturellen Unterschiede

Vorwort

Vor knapp 300 Jahren verließen viele Franzosen aus Glaubensgründen ihre Heimat und suchten Ansiedlungsmöglichkeiten in den protestantisch orientierten Gebieten Europas und in Übersee.

Speziell in vielen Gegenden und Städten Deutschlands (wie z. B. in Ingolstadt, Bayreuth, Erlangen, aber auch in Berlin, Mannheim und Kassel) fanden diese meist handwerklich sehr geschickten Flüchtlinge aus Frankreich, die französischen Protestanten – später auch Hugenotten genannt – eine neue Bleibe.

Viele Sitten und Gewohnheiten aus ihrer alten Heimat wurden mitgebracht und vermischten sich mit denen der neuen Heimat. Nach relativ kurzer Zeit waren die Hugenotten ein fester Bestandteil im deutschen Leben. So auch meine Vorfahren, Hugenotten aus dem Großraum Paris.

In den folgenden Jahrhunderten gab es mehrere teils jahrzehntelange Phasen, in denen die Beziehungen zwischen Deutschland und Frankreich mehr oder weniger offen feindselig waren.

Die heute bestehende deutsch-französische Freundschaft ist nicht nur ein politisches Phänomen, sondern schlägt sich nieder bis hin in die einzelnen Familien. Derzeit bestehen mehr als 2200 deutsch-französische Partnerschaften zwischen Städten und Regionen. Aber auch die deutsch-französischen Ehen sind die am häufigst vorkommenden multinationalen Ehen in Europa.

Darüber hinaus sind Deutschland und Frankreich seit Mitte der 1960er Jahre die jeweils wichtigsten Handelspartner. Deutschland gehört zu den Hauptlieferländern Frankreichs (2013 rund 20 % aller französischen Importe) und zu den Hauptabnehmerländern französischer Produkte (2013 rund 17 % aller französischen Exporte). Frankreich liegt bei den deutschen Ausfuhren an erster Stelle weltweit vor den USA und vor China (2013). Aber auch bei den Investitionen zeigen sich sehr starke Verflechtungen zwischen französischen und deutschen Unternehmen. So ist Deutschland nach den USA wichtigster Investor in Frankreich. Die Anzahl der ansässigen deutschen Unternehmen beträgt ca. 3200 mit über 300.000 Beschäftigten (2013).

Frankreich und Deutschland im Zentrum Europas bilden ein wichtiges Rückgrat des kulturellen, politischen und wirtschaftlichen Europa. Frau Souveton-Reichel lebt seit vielen Jahren in Deutschland und fördert mit ihrem Unternehmen eine Ausweitung und Vertiefung der deutsch-französischen Beziehung. Auch dieses *essential* soll hierzu beitragen.

Hatto Brenner

Inhaltsverzeichnis

1 Einleitung 1

2 Geographie 3
  2.1 Physische Geographie 4
  2.2 Klima 4
  2.3 Regionen 5
    2.3.1 Welche Funktion haben die 13 neuen Regionen? 6
    2.3.2 Großraum Paris 6
    2.3.3 Überseegebiete 7
    2.3.4 Bevölkerung 8
  2.4 Politisches System 8
  2.5 Wirtschaftliches System 9
  2.6 Bildungssystem 12
    2.6.1 Laizismus 12
    2.6.2 Die Primarstufe 13
    2.6.3 Die Sekundarstufe 15
    2.6.4 Aufbau des Hochschulwesens 15
    2.6.5 Tertiärer Bildungsbereich 15

3 Wirtschaftszweige heute und morgen 19
  3.1 Frankreichs Top-Branchen 19
    3.1.1 Luft- und Raumfahrt 19
    3.1.2 Lebensmittelindustrie 20
    3.1.3 Energie 20
    3.1.4 Automobilindustrie 21
    3.1.5 Transport 21
    3.1.6 Videospiele und Trickfilmindustrie 21

3.1.7 Kosmetik 22
3.1.8 Fashion 22
3.1.9 Versicherung 22
3.1.10 Tourismus 22
3.2 French Tech 23
3.3 Frankreichs Zukunftsbranchen 25
3.3.1 Speicherung von Energie 25
3.3.2 Recycling von seltenen Metallen 25
3.3.3 Nachhaltige Nutzung der Ressourcen aus dem Meer 25
3.3.4 Pflanzeneiweiße und Pflanzenchemie 26
3.3.5 Personalisierte Medizin 26
3.3.6 Die Silber-Wirtschaft – Innovationen im Dienste der
      langen Lebenserwartung 26
3.3.7 Die Verwertung von großen Datenmengen (Big Data) 26

4 Die Werte der Franzosen 29
4.1 Die Werte der Republik 29
4.2 Eine nicht ganz ernst gemeinte Klischeesammlung 30
4.2.1 Sprache 30
4.2.2 Die Französinnen 31
4.2.3 Urlaub 31
4.3 Freizeit 31
4.4 Kunst und Kultur 33

5 Leben und arbeiten in Frankreich 35
5.1 Arbeiten in Frankreich 35
5.1.1 Rechtslage 35
5.1.2 Vereinbarkeit von Familie und Beruf 35
5.1.3 Voraussetzungen 36
5.1.4 Arbeitsuche 36
5.1.5 „Entrepreneurship" gefragt! 36
5.1.6 Die französischen Rechtsformen im Überblick 37
5.1.7 Ausländische Investoren 38
5.2 Kulturelle Unterschiede 39
5.2.1 Kulturraum Frankreich 40
5.2.2 Geschäfts- und Arbeitsleben 40
5.2.3 Kommunikationsstile 40

Was Sie aus diesem *essential* mitnehmen können 43

Nützliche Links 45

Über die Autoren

Brigitte Souveton-Reichel hat Sprach- und Literaturwissenschaft studiert. Übersetzerin und Dozentin für Übersetzungslehre und Business Communication, sie ist ebenfalls mehrfache Autorin von Lernmaterialien für Wirtschaft und Kultur, insbesondere im deutsch-französischen Wirtschaftsraum. Sie verfügt über eine langjährige Erfahrung im deutsch-französischen Wirtschaftsraum.

Dipl.-Wirtsch.-Ing. Hatto Brenner verfügt über langjährige Erfahrungen in leitenden Positionen international tätiger Unternehmen.

Als selbstständiger Berater, Seminaranbieter und Buchautor hat er sich auf den Themenbereich „International Business Development" spezialisiert.

Mit seinem international verankerten Dienstleistungsangebot unterstützt er vorwiegend mittelständische Unternehmen beim Aufbau und bei der Abwicklung internationaler Geschäftsaktivitäten.

Als Präsidiumsmitglied international orientierter Unternehmerverbände fördert er grenzüberschreitende Geschäftsaktivitäten der Mitgliedsunternehmen.

Einleitung 1

Deutschland und Frankreich sind füreinander die wichtigsten Handelspartner. Auch politisch ist Frankreich zurzeit Deutschlands engster und wichtigster Partner in Europa. Mit keinem anderen Land gibt es eine so intensive und regelmäßige Zusammenarbeit und zwar auf allen Gebieten.

Geographisch so nah, sind diese beiden Länder kulturell jedoch weit voneinander entfernt. Nicht selten kommt es bereits im Vorfeld von Kooperationen zu Missverständnissen, die eine Geschäftsbeziehung erschweren, oftmals auch scheitern lassen. Ziel dieses *essentials* ist es, Ihnen eine kompakte, auf das Wesentliche beschränkte Einführung in das Land zu geben, das durch seine geographische Lage und seine Geschichte zu dem Kultur- und Wirtschaftsraum geworden ist, wie wir es heute kennen. Das aus der Lektüre dieses *essentials* erworbene Grundwissen soll eine Entscheidungshilfe für den Erfolg Ihrer Projekt- und Geschäftsanbahnung in Frankreich sein.

© Springer Fachmedien Wiesbaden 2016

B. Souveton-Reichel, H. Brenner, *Projekt- und Geschäftsanbahnung in Frankreich,* essentials, DOI 10.1007/978-3-658-12836-4_1

Geographie   2

Frankreich – Steckbrief

Lage:	Westeuropa
Hauptstadt:	Paris
Großstädte:	Bordeaux, Lille, Lyon, Marseille, Nizza, Nantes, Straßburg, Toulon, Toulouse
Landessprache:	Französisch
Fläche:	632.834 km², davon entfallen 550.000 km² auf Kontinentalfrankreich
Einwohnerzahl:	65,8 Mio. (01/2014), davon 3,7 Mio. Ausländer (2012)
Flagge:	die Trikolore, 3 senkrechte Streifen: blau, weiß, rot
Wahlspruch:	*Liberté, égalité, fraternité* (Freiheit, Gleichheit, Brüderlichkeit)
Nationalfeiertag:	14. Juli (Sturm auf die Bastille)
Religionen:	64,3 % Katholiken, 4,3 % Muslime, 1,9 % Protestanten, 1 % Buddhisten, 0,6 % Juden.
Währung:	Euro und CFP-Franc (Übersee)
Bevölkerungsdichte:	98 Einwohner pro km²
Bevölkerungsentwicklung:	Staatsform: Republik
Regierungsform:	Parlamentarische Präsidialdemokratie (zwei Kammern)
Staatsoberhaupt:	der Staatspräsident
Regierungschef:	der Premierminister
Internet-Domain:	.fr (andere Endungen für Überseegebiete)
Internationale Ländervorwahl:	+33 (andere Vorwahlen für Überseegebiete)

© Springer Fachmedien Wiesbaden 2016

B. Souveton-Reichel, H. Brenner, *Projekt- und Geschäftsanbahnung in Frankreich,*
essentials, DOI 10.1007/978-3-658-12836-4_2

2.1   Physische Geographie

Da die Form des französischen Staatsgebiets an ein Sechseck erinnert, wird Frankreich manchmal auch als *Héxagone* (Sechseck) bezeichnet. Frankreich öffnet sich nach drei Seiten zum Meer, während die anderen drei Seiten Landgrenzen darstellen. Würde man einen Kreis über das französische Staatsgebiet legen, so hätte dieser einen Durchmesser von etwa 1000 km. Kein Punkt des Staatsgebiets ist weiter als 500 km von einer Küste und weiter als 1000 km von einem anderen Punkt innerhalb des Staatsgebiets entfernt.

Durch seine zentrale Lage bildet Frankreich eine Drehscheibe zwischen Mittel- und Nordeuropa auf der einen und dem Mittelmeerraum auf der anderen Seite. Das Land grenzt im Norden an Belgien und Luxemburg, im Osten an Deutschland, die Schweiz und Italien und im Süden an Spanien.

Als flächenmäßig größtes Land der Europäischen Union ist Frankreich von einer bemerkenswerten landschaftlichen Vielfalt geprägt. Die variszischen Gebirgsmassive sind im Paläozoikum entstanden. Durch Erosion sind die Gipfel dieser Gebirge im Laufe der Zeit abgeschliffen worden. Die jüngeren Gebirge gehen auf das Tertiär zurück und sind an den spitzeren und höheren Gipfeln zu erkennen. Die großen Gebirgsmassive befinden sich im Osten und Süden. Dazu zählt auch der Mont Blanc in den französischen Alpen, der mit 4807 m der höchste Berg Europas ist. Außerdem wird Frankreich von vier großen Flusslandschaften geprägt, nämlich der Seine im Norden, der Loire und der Garonne im Westen und der Rhône zwischen der Schweiz und der Mittelmeerküste.

Frankreich gliedert sich in zwei Becken, das Pariser Becken im Norden und das Aquitanische Becken im Südwesten. Zu den vier Seegrenzen zählen die Nordsee, der Ärmelkanal, das Mittelmeer und der Atlantik – dadurch hat das Land eine Küstenlänge von insgesamt 2700 km.

2.2   Klima

Aufgrund der Lage des Landes auf halbem Wege zwischen Äquator und Nordpol und im Westen des europäischen Kontinents hat Frankreich ein gemäßigtes Klima. Dennoch kommt es auch in Frankreich in unregelmäßigen Abständen zu gefährlichen Flusshochwassern, insbesondere im Süden des Landes. Insgesamt ist Frankreich durch vier verschiedene Klimatypen gekennzeichnet: das Meeresklima im Westen, das halbkontinentale Klima im Osten, das Mittelmeerklima im Süden und das Alpen- oder Gebirgsklima im Zentralmassiv, den Alpen und den Pyrenäen.

2.3 Regionen

Die Verwaltung des Landes gliedert sich in 27 Regionen, davon 22 in Kontinentalfrankreich und 5 in den Überseegebieten. Um die Verwaltungsgliederung zu vereinfachen, die Attraktivität der Regionen zu stärken und vor allem die Verwaltungskosten zu verringern, hat die derzeitige Regierung eine Verwaltungsreform beschlossen, die künftig nur noch 13 Regionen für Kontinentalfrankreich vorsieht.

Eine Region gliedert sich in mehrere *départements*, von denen 96 in Kontinentalfrankreich liegen.

Die französische Hauptstadt Paris befindet sich in der Region Île-de-France.

Die Karte (Abb. 2.1) zeigt die neue Regionalgliederung:

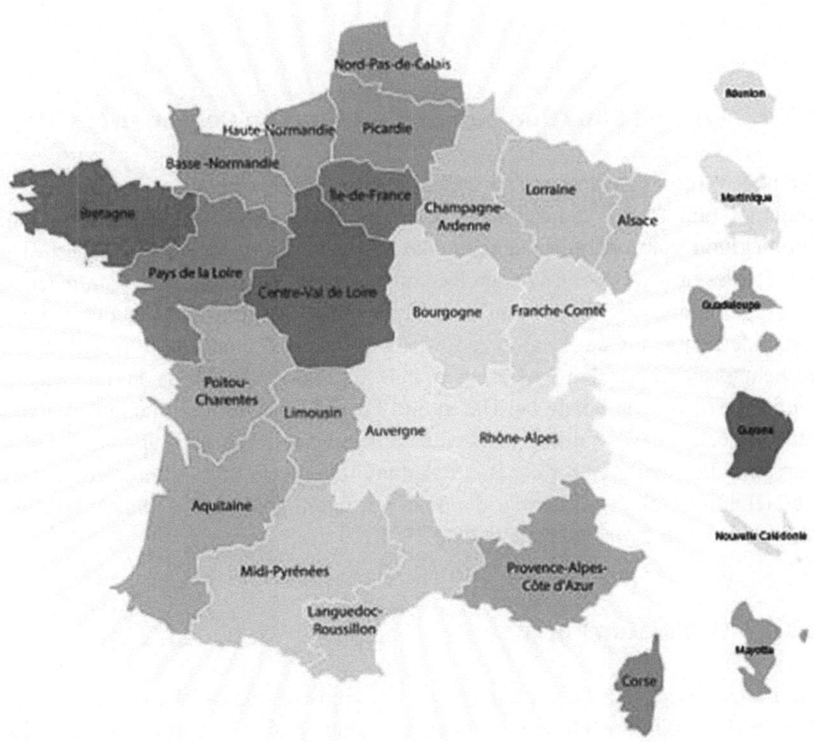

Abb. 2.1 Karte der neu gebildeten Regionen. (Quelle: www.gouvernement.fr)

- Alsace (Elsass), Champagne-Ardenne und Lorraine (Lothringen),
- Aquitaine, Limousin und Poitou-Charentes,
- Auvergne und Rhône-Alpes,
- Bourgogne und Franche-Comté,
- Languedoc-Roussillon und Midi-Pyrénées,
- Nord-Pas-de-Calais und Picardie,
- Basse-Normandie und Haute-Normandie,

Sechs Regionen bleiben unverändert:

- Bretagne,
- Corse (Korsika),
- Centre,
- Île-de-France,
- Pays de la Loire,
- Provence-Alpes-Côte d'Azur.

2.3.1 Welche Funktion haben die 13 neuen Regionen?

Die neuen Regionen sind von vergleichbarer Größe wie die anderen europäischen Regionen und können damit lokale Strategien entwickeln, um die wirtschaftliche Entwicklung voranzutreiben und Frankreich weiterhin wettbewerbsfähig zu halten. Zu diesem Zweck wurden den Regionen erweiterte strategische Kompetenzen und Instrumente übertragen, um das Wirtschaftswachstum und die Entwicklung von Unternehmen in der Region zu fördern. So können die neuen Regionen eigene Verkehrsprojekte auf den Weg bringen, z. B. im regionalen Schienen- und Busverkehr, im Straßenbau sowie bei Häfen und Flughäfen. Die Regionen übernehmen künftig auch die Verwaltung der Sekundarschulen (*lycées* und *collèges*). Außerdem sind die Regionen für die Raumplanung und große Infrastrukturprojekte wie die Netzinfrastruktur zuständig, denn sie verfügen über eigene Finanzmittel und können dadurch dynamisch handeln.

2.3.2 Großraum Paris

Die Landeshauptstadt Paris befindet sich im Norden Frankreichs im Zentrum der Region Ile-de-France. Diese wird durch die Seine und ihre Zuflüsse Marne, Oise und Aisne gebildet. Das französische Kernland ist durch grüne Täler und dichte

Wälder geprägt – eine angenehme, klassisch anmutende Landschaft, deren dezentes Licht zahllose Maler, wie zum Beispiel die Impressionisten, und Dichter inspiriert hat. Auch architektonisch hat diese Region viel zu bieten: Viele Kirchen, Kathedralen und Schlösser zeugen von einer bedeutenden Vergangenheit und verleihen der Region trotz Industrialisierung und Urbanisierung einen besonderen Reiz.

Die Île-de-France, in der 11,8 Mio. Menschen und damit beinahe ein Fünftel der französischen Bevölkerung leben, hat eine Fläche von 12.012 Quadratkilometern. Davon sind 9700 Quadratkilometer naturbelassene Gebiete, landwirtschaftliche Nutzflächen oder Wälder.

Im Umkreis von Paris haben sich sehr große Vororte (*banlieues*) entwickelt. Der Großraum Paris erwirtschaftet 29 % des Bruttoinlandsprodukts (PIB). 90 % der Banken und 40 % aller ausländischen Unternehmen mit Präsenz in Frankreich haben hier ihren Sitz, und 36 % der wichtigsten Entscheidungsträger sowie 75 % der Journalisten arbeiten im Großraum Paris.

2.3.3 Überseegebiete

Zu Frankreich gehören zahlreiche Überseegebiete (offiziell: La France d'outre-mer), die jeweils einen verschiedenen Rechtsstatus haben.

Die *départements et régions d'outre-mer* sind Französisch-Guyana, welches als einziges Festland-Departement zwischen Brasilien und Suriname am südatlantischen Ozean liegt, und die Inseln Guadeloupe und Martinique in der Karibik sowie Mayotte und La Réunion im indischen Ozean. Gemeinsam ist für all diese Gebiete, dass sie vollwertige Departements bzw. Regionen Frankreichs sind und somit den Euro als Zahlungsmittel nutzen, dem Schengen-Raum angehören und somit die äußerste EU-Außengrenze bilden.

Die Gebietskörperschaft Saint-Martin in der Karibik gehört ebenfalls zu der EU, benutzt ebenfalls den Euro als Zahlungsmittel, ist jedoch kein Mitglied des Schengen Raums.

Die Insel Saint Barthélémy ist Teil der kleinen Antillen und ebenfalls Staatsgebiet Frankreichs. Es wird im internationalen Recht jedoch nur als assoziiertes Gebiet der EU gesehen, wird also als der EU zugehörig empfunden, ist aber (obwohl es sich um französisches Staatsgebiet handelt) kein Teil der EU im Sinne der europäischen Verträge.

Saint-Pierre und Miquelon sind die einzigen Überseegebiete vor der Küste Nordamerikas und befinden sich südlich von Neufundland, Kanada.

Eine eigene Währung (den so genannten CFP-Franc) haben die Gebiete Wallis und Futuna sowie Französisch-Polynesien, welche nicht zum Gebiet der Europäischen Union gehören, obwohl es sich ebenfalls um französisches Staatsgebiet handelt.

Einen Sonderstatus nimmt das Überseeterritorium Neukaledonien (*Nouvelle Calédonie*) vor der Pazifikküste Australiens ein, dessen Existenz sich auf Artikel 76 und 77 der französischen Verfassung gründet und welches durch seinen Sonderstatus ein Territorium sui generis ist. Im Zeitraum 2014–2019 muss die französische Regierung in diesem Gebiet einen Volksentscheid abhalten, um den weiteren Verbleib des Territoriums zu klären.

2.3.4 Bevölkerung

2015 zählt Frankreich knapp 65 Mio. Einwohner und liegt damit an zweiter Stelle in der Europäischen Union. Die Bevölkerungsdichte liegt bei 98 Einwohnern pro Quadratkilometer, wobei die Bevölkerung sehr ungleichmäßig im Land verteilt ist, da 78 % der Einwohner in Städten leben. Dadurch sind die ländlichen Gebiete dünn besiedelt. 12 Mio. Menschen leben im Großraum Paris, weitere Millionenstädte sind Lyon, Marseille und Toulouse.

Anders als in Deutschland, wächst die Bevölkerung um ca. 0,5 % im Jahr, die Geburtenrate liegt bei 2,0 Kindern pro Frau und damit höher als der Durchschnitt der OECD-Länder (1,6). Wie in vielen Industriestaaten altert jedoch auch die französische Bevölkerung, wenn auch nicht so schnell wie in manch anderen EU-Ländern. Dies liegt einerseits an der steigenden Lebenserwartung und andererseits daran, dass die Geburtenrate im Vergleich zu den 1960er-Jahren deutlich zurückgegangen ist.

Die Erwerbsbevölkerung umfasst derzeit 28,6 Mio. Personen, davon sind 2,8 Mio. arbeitslos. Dies entspricht einer Arbeitslosenquote von 10,3 %[1].

2014 betrug der Ausländeranteil 6,31 %[2]. Die Migration ist bis heute stark von der Kolonialgeschichte Frankreichs sowie von der gezielten Anwerbung ausländischer Arbeitskräfte in früheren Jahren geprägt.

2.4 Politisches System

Die Verfassung der V. Republik (1958) definiert das politische System Frankreichs wie folgt: Die Nation ist eine unteilbare, laizistische, demokratische und soziale Republik und eine parlamentarische Präsidialdemokratie mit einem aus zwei

---

[1] Quelle: INSEE.

[2] Quelle: de.statista.com.

Kammern bestehenden Parlament. Dieses besteht aus der Nationalversammlung (*Assemblée Nationale*) und dem Senat. Das Parlament kontrolliert die Regierung, erarbeitet Gesetze und verabschiedet sie.

Staatsoberhaupt ist der Staatspräsident (*président de la République*). Er wird direkt vom Volk auf fünf Jahre gewählt. Er ernennt den Premierminister (*premier ministre*) und ist Oberbefehlshaber der Streitkräfte.

Die Justiz besteht aus zwei verschiedenen Strängen: den Verwaltungsgerichten für Streitsachen zwischen den Bürgern und den Behörden sowie den ordentlichen Gerichten für Zivil- und Strafsachen. Für Strafsachen gibt es drei Gerichte, die für unterschiedliche Arten von Strafsachen zuständig sind:

- *Tribunal de police* – für leichte Vergehen
- *Tribunal correctionnel* – für ernsthafte Vergehen
- *Cour d'assises* – für Verbrechen.

Charakteristisch für das politische System Frankreichs ist die facettenreiche Parteienlandschaft. Laut Artikel 4 der Verfassung besteht die Aufgabe der Parteien lediglich in der Mitwirkung bei Wahlentscheidungen. In Wirklichkeit spielen sie eine stärkere Rolle, etwa bei parlamentarischen Abstimmungen, bei Wahlkämpfen und als Meinungsträger.

Das demokratische Frankreich kennt zahlreiche Parteien, von denen an dieser Stelle die wichtigsten in Größe und Bekanntheitsgrad genannt werden sollen:
Links: *le parti socialiste* (PS), *le parti communiste* (PCF)
Rechts: Les Républicains (früher UMP),
Mitte-rechts: *Mouvement des Démocrates et Indépendants*
Außerdem:
Mitte: *Mouvement Démocrate* (MoDem)
Grün: *Europe Écologie-Les Verts* (EELV)
Rechtsaußen: *Front National* (FN)

2.5 Wirtschaftliches System

Frankreich ist nach den USA, China, Japan und Deutschland die fünftgrößte Volkswirtschaft der Welt[3] und gehört dem exklusiven Club der reichen Industrieländer G8 an. Außerdem ist Frankreich Gründungsmitglied der Europäischen Union sowie der Eurozone und die französische Volkswirtschaft profitiert vom europäischen Binnenmarkt.

---

[3] Quelle: Internationaler Währungsfonds (IWF): Liste der Länder nach nominalem BIP (2011).

Eckdaten der französischen Volkswirtschaft für 2012.
Quelle: INSEE, Eurostat

Währung: Euro
Mitgliedschaft in internationalen Organisationen: UNO, NATO, Europäische Union, Eurozone, OECD, WTO
BIP pro Kopf: 32.227 € (2014)
Landwirtschaft: 1,7 %
Industrie: 13,8 %
Bau: 5,7 %
Dienstleistungen: 79 % (2014)
Inflation: 0,5 % (2015)
Bevölkerungsanteil unterhalb der Armutsgrenze: 7,8 %
Erwerbsbevölkerung: 25,7 Mio. (2013)
Erwerbsbevölkerung nach Wirtschaftszweig:
Landwirtschaft: 3 %
Industrie: 13,5 %
Dienstleistungen: 76,2 %
Arbeitslosenquote: 10,3 % (2015)
Wichtigste Industriezweige: Maschinenbau, chemische Erzeugnisse, Kraftfahrzeuge, Luftfahrt, Schiffbau, Elektronik, Textil und Bekleidung, Lebensmittel
Außenhandel:
Güterausfuhren: 428 Mrd. USD in 2013
Ausfuhrgüter: Maschinen und Ausrüstungen für Verkehr und Luftfahrt, Kunststofferzeugnisse, chemische Erzeugnisse, pharmazeutische Produkte, Eisen und Stahl, Getränke
Wichtigste Abnehmerländer: Deutschland (16,5 %), Italien (7,1 %), Belgien (7,7 %), Spanien (6,8 %), Großbritannien (6,9 %), USA (6,3 %), Niederlande (4,1 %)
Gütereinfuhren: 506,7 Mrd. USD in 2013
Einfuhrgüter: Maschinen, Ausrüstungsgüter, Kraftfahrzeuge, Erdöl, Güter für die Luftfahrt, Kunststoff- und chemische Erzeugnisse
Wichtigste Lieferanten: Deutschland (17,1 %), Belgien (7,8 %), Italien (7,2 %), Niederlande (4,4 %), Spanien (6,1 %), China (8,1 %), Großbritannien (4,1 %)
Staatsfinanzen:
Staatsverschuldung (Maastricht) 97,4 % des BIP
Haushaltsdefizit: 95 Mrd. €, dies entspricht 4 % des BIP

Frankreich hat ein liberales Wirtschaftssystem, in dem der Staat eine wichtige Rolle spielt. Die Höhe der französischen Staatsausgaben und infolgedessen auch die Steuerlast gehören zu den höchsten der Welt.

Dieser Einfluss zeigt sich in vielerlei Hinsicht: Zum einen ist der Staat der größte Arbeitgeber des Landes (Staatsbedienstete der zentralen und territorialen Behörden sowie der staatlichen Gesundheitseinrichtungen). Zum anderen ist der Staat dank der Staatsunternehmen der größte Produzent und gleichzeitig der größte Kunde des Landes. Außerdem ist er der wichtigste Transportdienstleister und der größte Grund- und Immobilienbesitzer.

Der französische Staat legt mithilfe von Gesetzen, Dekreten und Verordnungen die übergeordnete wirtschaftspolitische Strategie fest. Darüber hinaus stehen dem französischen Staat zahlreiche Instrumente zur Verfügung, um in das Wirtschaftsleben des Landes einzugreifen: durch die Besteuerung (Einkommen-, Unternehmens-, Vermögens- und lokale Steuern u. a.), die Kaufkraft der Staatsbediensteten, die Umsatzsteuer, die Sozialabgaben und den allgemeine Sozialbeitrag (*Contribution sociale généralisée*) sowie andere Steuern und Abgaben. Der Staat schöpft somit einen großen Teil der nationalen Wertschöpfung ab, um sie in Form von Staatsausgaben umzuverteilen.

Frankreich ist das Industrieland mit dem höchsten Anteil an Staatsbediensteten in der Bevölkerung. Mehr als fünf Millionen Franzosen sind im öffentlichen Dienst beschäftigt. Dies entspricht 23 % der Erwerbsbevölkerung. Der Staat setzt auf die Subventionierung verschiedener Branchen sowie die Korrektur von Ungleichheiten in der Regionalentwicklung, um die wirtschaftlichen Probleme des Landes zu lösen. Krisenbranchen werden vom französischen Staat häufig direkt übernommen – beispielsweise die Eisen- und Stahlindustrie in den 1970er-Jahren.

Der Beginn der 1980er-Jahre markiert eine Zäsur in Bezug auf die Rolle, die dem Staat in der französischen Volkswirtschaft zukommt. So wurde unter der neuen Linksregierung im Zeitraum 1981–1983 der Umfang staatlicher Unternehmensbeteiligungen erhöht, wodurch der Einfluss des Staates zunahm. Seit dieser Zeit ist Frankreich das Land der westlichen Welt, in dem der Staat das größte Gewicht in der Wirtschaft hat. So hat er eine beherrschende Stellung in den Branchen Energie (GDF-SUEZ, EDF), Rüstung (EADS, Thales), Luftfahrt (Air France-KLM), Transport (SNCF, RATP, Réseau Ferré de France, Aéroports de Paris), audiovisuelle Medien (France Télévisions), Kommunikation (Groupe La Poste, France-Telecom) sowie im Bankensektor.

2.6   Bildungssystem

Die Bedeutung der Schule geht in Frankreich über die Vermittlung von Grundwissen für Kinder und Jugendliche hinaus. Vielmehr hat die Schule die Aufgabe, die nationale Einheit herzustellen und zu wahren und die Werte der Republik Gleichheit, Freiheit, Brüderlichkeit (*liberté, égalité, fraternité*) zu vermitteln. In seiner Regierungserklärung erklärte 1997 der neuen Premierminister Lionel Jospin über die Schule:

> Die Schule ist die Wiege der Republik. Sie hat die Aufgabe, Wissen und darüber hinaus Staatsbürgergesinnung zu vermitteln. Von Kindheit an muss ein tiefes Gefühl der Verbundenheit mit den republikanischen Werten geweckt und genährt werden.

In der französischen Verfassung heißt es, dass die „Organisation des öffentlichen, laizistischen Bildungswesens und der Schulpflicht auf allen Ebenen dem Staat obliegt." Neben den staatlichen Schulen gibt es auch vertraglich gebundene Privatschulen, die vom Staat unterstützt werden, dabei jedoch der staatlichen Kontrolle unterliegen. Es herrscht Schulpflicht vom 6. bis zum 16. Lebensjahr. Für die Organisation des Bildungswesens sind das zentralstaatliche Bildungsministerium sowie das Ministerium für Hochschulbildung und Forschung zuständig. Wie bereits oben ausgeführt, sind die regionalen und lokalen Gebietskörperschaften für den Bau und die Instandhaltung der Schulen verantwortlich, während der Zentralstaat sich um die Ausbildung, Einstellung und Vergütung der Lehrer, die Entwicklung von Lehrplänen sowie die Beschaffung von Lehr- und Lernmitteln kümmert (Lehrbücher, Computer u. a.).

2.6.1   Laizismus

Ein wichtiges Merkmal des französischen Bildungswesens ist der Laizismus. Das Prinzip der religiösen Neutralität bildet seit dem Ende des 19. Jahrhunderts eine wichtige Grundlage des französischen Bildungs- und Wertesystems. Seit dem Gesetz „Jules Ferry" vom 28. März 1882 ist das öffentliche Bildungswesen laizistisch ausgerichtet. Die Achtung des Glaubens der Schüler und Eltern bedeutet, dass im Lehrplan kein Religionsunterricht vorgesehen ist, was jedoch nicht bedeutet, dass im Unterricht keine religionsbezogenen Sachverhalte behandelt werden dürfen. Außerdem müssen sich die Beschäftigten im Bildungswesen streng religionsneutral verhalten, und jegliche Bekehrungsversuche sind untersagt. Um der Religionsfreiheit Rechnung zu tragen, wurde pro Woche ein Schulfreier Tag eingeführt

(Mittwoch), an dem genug Zeit bleibt, damit die Schülerinnen und Schüler außerhalb der Schule zum Religionsunterricht gehen können.

2.6.2 Die Primarstufe

Die Primarstufe umfasst die Vorschule (*enseignement préélémentaire* oder *école maternelle*) und die Grundschule einschließlich des Fachunterrichts.

Die 1887 ins Leben gerufene *école maternelle* ist weder Hort noch Kindergarten, sondern eine vollwertige Schule, in der die Kinder erste Lernerfahrungen sammeln. Die Besonderheit des französischen Bildungssystems besteht darin, dass die Kinder bereits vor der Schulpflicht, die mit sechs Jahren einsetzt, eine schulische Einrichtung – die Vorschule *(école maternelle)* – besuchen. Die Vorschule gliedert sich in drei Altersstufen. Obwohl der Besuch freiwillig ist, besuchen laut INSEE, dem französischen statistischen Institut, mehr als neun von zehn (93,1 %) der Überdreijährigen die *école maternelle*. Als staatliche Einrichtung ist die Vorschule kostenlos, laizistisch und vollständig in das Bildungssystem integriert, deren erstes Glied sie bildet. Vorschulen gibt es überall in Frankreich. Sie sind nach denselben Grundsätzen strukturiert wie die Grundschulen:

- Koedukation und Gleichbehandlung von Mädchen und Jungen,
- gleiches Schuljahr und gleiche Schulzeiten (24 Wochenstunden, verteilt auf acht oder neun halbe Tage),
- gemeinsame Zuständigkeit von Zentralstaat und Kommunen.

Der Lehrplan der Vorschulen deckt fünf Kompetenzfelder ab:

- Spracherwerb und Vorbereitung, um in der Grundschule Lesen und Schreiben zu lernen;
- Schulreife erreichen;
- den eigenen Körper und seine Ausdrucksmöglichkeiten kennen lernen;
- die Welt entdecken;
- wahrnehmen, fühlen, fantasievoll und kreativ sein.

Das wichtigste Ziel der Vorschule besteht darin, den Kindern die Möglichkeit zu bieten, ihr gesamtes Potenzial zu entfalten, sie erkennen zu lassen, was die Schule ist, und ihnen erste schulische Erfolgserlebnisse zu vermitteln (Abb. 2.2).

Primar- stufe (Grundschule) 3-11 Jahre	Vorschule (*école maternelle*) 3-6 Jahre	– *Petite section*; erstes Jahr – *Moyenne section*; zweites Jahr – *Grande section*; drittes Jahr	
	Grundschule 6-11 Jahre	– *Cours préparatoire* (CP); entspricht der 1. Klasse – *Cours élémentaire 1ere année* (CE1); entspricht der 2. Klasse – *Cours élémentaire 2e année* (CE2); entspricht der 3. Klasse – *Cours moyen 1ere année* (CM1); entspricht der 4. Klasse – *Cours moyen 2e année* (CM2); entspricht der 5. Klasse	
Sekundar- stufe 11-18 Jahre	**Collège (4-jährige Gemeinschaftsschule)** 11-15 Jahre	- *Sixième*; entspricht der 6. Klasse - *Cinquième*; entspricht der 7. Klasse - *Quatrième*; entspricht der 8. Klasse - *Troisième*; entspricht der 9. Klasse	
	Lycée (dreijährige Oberstufe) 15-18 Jahre	Allgemeiner und technischer Zweig *Baccalauréat général* (allgemeine Hochschulreife) *Baccalauréat technique* (fachbezogene Hochschulreife) *Seconde*; entspricht der 10. Klasse *Première*; entspricht der 11. Klasse *Terminale*; entspricht der 12. Klasse	Berufsbildender Zweig *Certificat d'aptitude professionnel* (CAP) nach zwei Jahren *Baccalauréat professionnel* (berufsorientierte Hochschulreife) *Seconde*; entspricht der 10. Klasse *Première*; entspricht der 11. Klasse *Terminale*; entspricht der 12. Klasse

Abb. 2.2 Das französische Bildungssystem im Überblick

2.6.3 Die Sekundarstufe

Die Sekundarstufe gliedert sich in zwei Abschnitte:

- das vierjährige *collège* und
- das dreijährige *lycée*.

Die Wahl des angestrebten Abschlusses wird in der letzten Klasse des *collège* getroffen (*troisième*). 80 % der Schüler wechseln nach dem *collège* auf das *lycée*, wo sie zwischen mehreren allgemeinbildenden und berufsorientierten Abschlüssen wählen können. Inzwischen liegt die Abiturientenquote in Frankreich bei konstant über 70 %.

2.6.4 Aufbau des Hochschulwesens (Abb. 2.3)

2.6.5 Tertiärer Bildungsbereich

Der tertiäre Bildungsbereich umfasst sämtliche Ausbildungsmöglichkeiten nach dem Abitur. In Frankreich gibt es zwei tertiäre Bildungssysteme:

Die Universitäten ohne Hochschulzugangsbeschränkung, in dem die meisten Studierenden ihre Ausbildung absolvieren. Alle Abiturienten sind ohne Auswahlverfahren berechtigt, ein Studium an einer französischen Universität aufzunehmen. Diese bieten eine Vielzahl unterschiedlicher Studiengänge an. Die allgemeine Grundausbildung führt hin zu den folgenden Abschlüssen:

- der *licence* (Bachelor), einem allgemeinen Hochschulabschluss, der nach dreijährigem Studium erworben wird;
- dem Master, der eine *licence* voraussetzt und nach einem weiteren zweijährigen Studium erworben wird;
- der Promotion, die nach einer wissenschaftlichen Arbeit, die im Allgemeinen drei Jahre in Anspruch nimmt, verliehen wird.

Die *Instituts Universitaires de Technologie* (IUT) bieten technisch-naturwissenschaftliche Ausbildungsgänge mit stärkerem Praxisbezug. Ein Studium an einer IUT ist auch ohne Abitur möglich, dauert zwei Jahre und schließt mit dem *Diplôme Universitaire de Technologie* (DUT) ab.

+ 9 Jahre	*Diplôme d'État de docteur en Médecine* (Staatsexamen und Promotion in Medizin)	PROMOTION
+ 8 Jahre	Promotion	
+ 6 Jahre	*Diplôme d'État de docteur en Médecine* (Staatsexamen und Promotion in Zahnmedizin) *Diplôme d'État de docteur en Pharmacie* (Staatsexamen und Promotion in Pharmazie)	
+ 5 Jahre	*Master recherche – Diplôme d'Études Approfondies* (DEA) (forschungsorientierter Master) *Master Professionnel – Diplôme d'Études Supérieures Spécialisées* (DESS) (berufsorientierter Master) *Diplôme d'ingénieur* (Hochschulabschluss als Ingenieur) *Diplôme des Écoles de commerce et de Gestion* (Abschluss einer betriebswirtschaftlichen Hochschule)	MASTER
+ 4 Jahre	Master 1	
+ 3 Jahre	*Licence* (Bachelor) *Licence professionnelle* (berufsorientierter Bachelor)	LICENCE
+ 2 Jahre	*Diplôme d'Études Universitaires Générales* (DEUG) (Abschluss nach zweijähriger Universitätsausbildung) *Diplôme Universitaire de Technologie* (DUT) (Hochschulabschluss nach zweijähriger Universitätsausbildung in technischen Fachrichtungen) *Brevet de Technicien Supérieur* (BTS) (Abschluss nach einem zweijährigen Fachhochschulstudium) *Diplôme d'Études Universitaires Scientifiques et Techniques* (DEUST) (Hochschulabschluss in technisch-naturwissenschaftlichen Fachrichtungen, der mit der praktischen Ausbildung in einem Unternehmen verknüpft ist)	
Abschluss der Sekundarstufe + Abitur = Hochschulreife		

Abb. 2.3 Aufbau des Hochschulwesens

Ergänzt wird dieses System durch das Fachabitur, das an einigen staatlichen und privaten *lycées* angeboten wird. Nach zwei (bzw. drei) Jahren können die Studierenden mit dem *Brevet de technicien supérieur* (BTS) einen berufsorientierten technischen Abschluss erwerben.

Die *grandes écoles* sind eine Besonderheit des französischen Bildungssystems. Es handelt sich dabei um Elitehochschulen mit Aufnahmeprüfung und einer begrenzten Zahl an Studienplätzen. Wer ein Studium an einer *grande école* aufnehmen will, muss eine Aufnahmeprüfung ablegen bzw. andere Vorleistungen vorweisen. Ergänzt wird das Zulassungsverfahren gegebenenfalls durch ein Auswahlgespräch. Die *grandes écoles* bilden eine Art Club, zu dem nicht jeder Zutritt hat, und sind damit der Königsweg, um in Führungspositionen in Politik und Wirtschaft zu gelangen. Zurzeit gibt es 226 *grandes écoles* in Frankreich, die sämtliche Fachrichtungen abdecken. Zu diesem System gehören insbesondere die Ingenieurs-, die Handels- und die Verwaltungshochschulen sowie die *instituts universitaires de technologie* (IUT) und die *instituts universitaires professionnalisés* (IUP).

Die französische Gesellschaftsstruktur zeichnet sich durch ein Nebeneinander aus egalitärer Ideologie und zentralistischer Elitenbildung aus. Die Trennung von Kirche und Staat (1905) und die Demokratisierung des Bildungssystems für alle Schichten stehen für Heranbildung des Führungsnachwuchses für eine Karriere im Topmanagement von Wirtschaft, Politik oder öffentliche Verwaltung.

Als fünftgrößte Volkswirtschaft der Welt kann Frankreich heute zahlreiche führende Unternehmen in strategischen Geschäftsfeldern vorweisen. Eine im Oktober 2013 von der Agentur Thomson-Reuters veröffentlichte Rangliste der innovativsten Länder positioniert Frankreich sogar auf dem dritten Platz. Zwölf französische Konzerne – gehören zu den innovativsten Unternehmen der Welt. Hier folgt eine kurze Vorstellung der bedeutendsten und dynamischsten Wirtschaftszweige Frankreichs.

3.1 Frankreichs Top-Branchen[1]

3.1.1 Luft- und Raumfahrt

Die Luft- und Raumfahrttechnik ist eine wichtige Exportbranche des Landes. Das aus einer deutsch-französischen Initiative Ende der 1960er-Jahre gegründete Unternehmen Airbus Group (früher EADS) mit Konzernzentrale in Toulouse ist Europas führender Flugzeugbauer, vor allem von zivilen Flugzeugen, und zweitgrößter Rüstungsunternehmen, insbesondere für den Bau von Hubschraubern und Militärflugzeugen. Die Marke Airbus steht für Innovation, Qualität und Zuverlässigkeit.

Auch die Ariane-Rakete ist ein Produkt der Airbus Group, das im Auftrag der ESA (European Space Agency) entwickelt wurde. Als leistungsfähige und zuverlässige europäische Trägerrakete kann sie schwere Nutzlasten in die Erdumlaufbahn befördern. Sie startet vom Weltraumbahnhof Kourou im Überseedepartement Französisch-Guyana.

---

[1] Alle Angaben in diesem Kapitel stammen aus www.france.fr, Frankreichs offizielle Webseite.

© Springer Fachmedien Wiesbaden 2016

B. Souveton-Reichel, H. Brenner, *Projekt- und Geschäftsanbahnung in Frankreich*, essentials, DOI 10.1007/978-3-658-12836-4_3

3.1.2 Lebensmittelindustrie

Die Lebensmittelindustrie ist, nach der Luft- und Raumfahrt, Frankreichs zweitwichtigste Exportbranche und mit 500.000 Beschäftigten auch der wichtigste Arbeitgeber des Landes. Zu den Erzeugnissen, die am meisten exportiert werden, gehören Wein, Spirituosen und natürlich Champagner. Dass die Weinberge, die Champagner-Häuser und die Keller der Champagne 2015 in die Welterbe-Liste der UNESCO aufgenommen wurden, dürfte die Branche weiterhin beflügeln.

Im Bereich der Milchprodukte zählt Danone mit über 100.000 Mitarbeitern zu den weltweit stärksten Lebensmittelkonzernen. Neben Milchprodukten ist das auf allen Kontinenten vertretene Unternehmen auf Wasser, Babynahrung und medizinische Ernährung spezialisiert. Mit veränderten Kundenwünschen und einer erhöhten Nachfrage von Bio-Produkten ist der Bedarf an entsprechend spezialisierten Anbietern in diesem Segment hoch. Als Land mit einer leistungsfähigen Landwirtschaft kann Frankreich seine Position in Europa und zunehmend auch international behaupten.

3.1.3 Energie

Frankreich hat sich für die Energiewende entschieden. Doch bis dahin setzt das Land weiterhin auf die Kernenergie, da es ein einzigartiges Know-How auf diesem Gebiet vorweisen kann. Derzeit sind in Frankreich 58 Atomreaktoren in Betrieb. Der Industrie-Konzern Areva ist auf die Herstellung von Energieerzeugungsanlagen spezialisiert, insbesondere in der Nukleartechnik. Areva ist zu 79 % im Besitz des französischen Staates und konzentriert seine Forschungstätigkeit auf die Verbesserung der Sicherheit. Die Reaktoren werden auch im Ausland verkauft und eingesetzt.

Weitere Energieriesen sind EDF und Total. EDF, früher im Staatsbesitz, ist heute ein börsennotiertes Unternehmen und der weltgrößte Stromerzeuger. Aufgrund seiner großen Investitionen in den Bereichen Forschung und Entwicklung hat sich EDF als einer der wichtigsten Akteure auf den Energiemärkten der Zukunft positioniert.

Das französische Industrieunternehmen Total zählt zu den fünf größten Mineralöl- und Gaskonzernen der Welt. Das Unternehmen bereitet sich durch die Entwicklung von erneuerbaren Energien auf die bevorstehende Energiewende vor und festigt gleichzeitig seine Position in den klassischen Geschäftsfeldern wie Mineralöl, petrochemische Erzeugnisse und Erdgas.

3.1.4 Automobilindustrie

Frankreich gehört zu den bedeutendsten Kfz-Hersteller Europas. Wer kennt nicht *PSA Peugeot-Citroën* oder *Renault*. Die Automobilindustrie spielt eine wichtige Rolle in der französischen Wirtschaft und bietet rund 124.000 Arbeitsplätzen. Im Jahr 2013 wurden in Frankreich mehr als 1,7 Mio. Kraftfahrzeuge produziert[2].

3.1.5 Transport

Frankreichs Hochgeschwindigkeitszüge, kurz TGV (frz. *Train à Grande Vitesse*) sind in aller Welt bekannt. Die TGV verbinden alle großen Städte Frankreichs. Diese Technik wird nicht nur sehr erfolgreich in andere europäische Länder, sondern auch nach Afrika oder Asien exportiert. Der Hersteller Alstom gehört zu den führenden Unternehmen dieser Branche.

3.1.6 Videospiele und Trickfilmindustrie

Innovative Unternehmen wie *Ubisoft* und *Vivendi* sind auf dem Markt für Computerspiele gut etabliert. Im internationalen Vergleich ist Frankreich heute nach den USA das Land, das am meisten Computerspiele produziert. In diesem dynamischen und zugleich stabilen Sektor werden zahlreiche neue Unternehmen (Start-ups) gegründet. Gerade in diesem Segment machen sich die Förderung von Kreativität und Talenten bezahlt. In Frankreich gibt es anerkannte Ausbildungsangebote für die Berufe der Videospielbranche, die sich im Ausland aufgrund ihrer hohen Qualität bereits einen Namen gemacht haben. Hierzu gehören die *École Nationale du Jeu Vidéo et des Médias Interactifs* in Angoulême und die *École de l'image* in Gobelins.

Frankreich unterstützt durch diverse Förderungsprogramme die Gründung von Start-ups mit modernen Spitzentechnologien und ist bemüht, innovative Akteure und Investoren nach Frankreich zu holen.

---

[2] Quelle: de.statista.com.

3.1.7 Kosmetik

Der weltweit größte Kosmetikkonzern *L'Oréal* vereint zahlreiche international bekannte Marken unter einem Dach und begeistert mit seinen innovativen und qualitativ hochwertigen Schönheitsprodukten Kundinnen und Kunden in aller Welt. Der Konzern mit insgesamt 66.000 Mitarbeitern hat es erfolgreich verstanden, internationale Stars des Films und der Mode als Markenbotschafter zu gewinnen.

3.1.8 Fashion

Frankreichs Image als Land der Haute Couture und Luxusgüter ist keineswegs ein Image aus der Vergangenheit, sondern nach wie vor ein wichtiger und kontinuierlich wachsender Wirtschaftszweig. Als weltweit führender Hersteller von Luxusgütern hat sich die LVHM-Gruppe (*Louis Vuitton Hennessy Moët*) die Position des weltweiten Branchenführers in der Luxusgüterindustrie erarbeitet[3]. Der Konzern ist in fünf Geschäftsfelder aktiv (Weine & Spirituosen, Mode & Lederwaren, Parfums & Kosmetik, Uhren & Schmuck, Selective Retailing) und vertreibt über sein weltweites Verkaufsnetz insgesamt 60 Marken, darunter berühmte Namen wie Dior, Louis Vuitton oder Dom Perignon.

3.1.9 Versicherung

Mit insgesamt 214.000 Mitarbeitern ist die französische AXA-Gruppe das viertgrößte Versicherungsunternehmen weltweit. Der Spezialist für Risikomanagement und Investment bedient 95 Mio. Privat- und Geschäftskunden in 61 Ländern.

3.1.10 Tourismus

Der Tourismus gehört zu den größten Branchen der französischen Wirtschaft und zählt knapp eine Million Beschäftigte. Mit seinen zahlreichen Denkmälern, Museen, Festivals und einzigartigen Orten und Landschaften (35 Orte zählen zum Weltkulturerbe der UNESCO) ist Frankreich vor den USA und Spanien das meistbesuchte Land der Welt. Angesichts des harten Wettbewerbs im internationalen und europäischen Tourismus setzt die französische Wirtschaftspolitik auf die Steigerung der Wertschöpfung in der Touristik-Branche. Zu diesem Zweck werden

---

[3] Quelle: de.statista.com.

zum einen die kulturellen und natürlichen Highlights des Landes noch besser in Szene gesetzt, zum anderen sollen verstärkt neue Formen des Tourismus wie die Geschäftsreisen oder Nischensegmente wie Kreuzfahrten oder Angebote für religiös Interessierte entwickelt werden.

Diese Liste ist nicht erschöpfend. Sie soll lediglich einen Querschnitt der französischen Wirtschaft abbilden. Auch andere Branchen wie Gesundheit, Umweltschutz und Nachhaltigkeit versprechen eine rasante Entwicklung. Dabei sind sowohl die großen Konzerne (Automobil-, Luftfahrt- und Lebensmittelindustrie) als auch kleinere Unternehmen und der Handel auf qualifizierte Mitarbeiter und Führungskräfte in den Bereichen Qualitätsmanagement, Wartung, Sicherheit und Logistik angewiesen.

3.2 French Tech

Der Begriff French Tech steht für Innovation und Kreativität „Made in France". Das gilt für alle Wirtschaftsbereiche, aber besonders für den digitalen Sektor. French Tech ist eine Initiative, die die französische Start-ups in Frankreich und im Ausland zusammenbringt. French Tech, das sind Unternehmer, aber auch Investoren, Ingenieure, Designer, Entwickler, Verbände, Blogger, Medien, große Unternehmen und Regierungsstellen. Alle Akteure sollen das Netzwerk verstärken, Entwicklungen beschleunigen und über die Grenzen hinweg wirken.

Auf der offiziellen Internetseite Frankreichs www.france.fr ist über La French Tech folgendes zu lesen:

La French Tech konzentriere sich auf drei Hauptbereiche:

Entwicklung und Vernetzung der bestehenden digitalen Ökosysteme: French Tech ist ein Label, die an französische Städte vergeben wird, die auf ein digitales Ökosystem auf internationalem Niveau und ein Bündnisprojekt zur Förderung des Wachstumspotenzials dieses Ökosystems verweisen können.

Beschleunigung: La French Tech konzentriert sich auf die Beschleunigung des Wachstums von Start-ups und Internetfirmen. Es geht darum, private Initiativen von Unternehmern zu unterstützen, die das Wachstum von ausgewählten Internetfirmen gezielt beschleunigen, mit dem Ziel, sie auf dem internationalen Markt als Branchenführer zu positionieren. Öffentliche Investitionen in Höhe von 200 Mio. € für Privatinitiativen sind geplant.

Attraktivität: Die mit dem oben beschriebenen Label ausgezeichneten Ökosysteme werden vernetzt und arbeiten im Zuge einer gemeinsamen Marketingstrategie daran, die Sichtbarkeit und Attraktivität des digitalen Ökosystems Frankreichs kontinuierlich zu verbessern. 15 Mio. € werden für die internationale Werbekampagne von La French Tech bereitgestellt.

Diese Maßnahmen werden von einer eigenen Struktur – La French Tech Mission – gesteuert. Sie agiert im Rahmen des „Investitionsprogramms der Zukunft" und werde von mehreren Akteuren unterstützt: Caisse des Dépôts, bpifrance, Ubifrance und Agence française pour les investissements internationaux.

Axelle Lemaire, derzeit französische Staatssekretärin für Digitale Infrastruktur, hat sich zum Ziel gesetzt, Start-ups zu unterstützen und sie auf dem internationalen Parkett sichtbar zu machen. Frankreich soll ein Inkubator für Start-ups werden. Dadurch sollen die zwölf Gründerzentren, die die französische Hauptstadt zu bieten hat, gefüllt werden.

Ein Inkubator (frz. incubateur) ist ein Gründerzentrum, d. h. eine Trägerstruktur für unternehmerische Initiativen, die es ermöglicht, ein Projekt von der ersten Idee bis zur Umsetzung und Konsolidierung zu verwirklichen. Die Struktur bietet Räumlichkeiten, eine Betreuung zur Vermittlung von wichtigen unternehmerischen Kompetenzen, stellt Kontakte zu wissenschaftlichen Partnern und Marktakteuren her und unterstützt die Start-ups bei der Suche nach Finanzierungslösungen und Fördermitteln.

Was für deutsche Start-ups Berlin ist, ist für französische Start-ups Paris. Natürlich gibt es jedoch auch in anderen französischen Städten größere Innovationszentren, die junge Gründer willkommen heißen.

Ein weiteres, neues Gründerzentrum in Paris, dessen Eröffnung für 2016 geplant ist, soll Platz für 1000 innovative IT-Start-ups schaffen. Das Projekt im historischen Gebäude der französischen Bahngesellschaft, der Halle Freyssinet hinter der *Gare d'Austerlitz* wird sowohl von Xavier Niel, dem Gründer von Free, als auch von der Stadt Paris sowie der Caisse des dépôts et consignations (CDC), einem staatlichen Finanzinstitut, finanziert.

Ganz zweckentfremdet ist die Halle Freyssinet nicht. Als ehemaliges Bahnhofsgebäude soll die Halle nun sinnbildlich zur Lokomotive der französischen digitalen Wirtschaft werden.

Das Projekt soll die Weiterentwicklung der digitalen Branche fördern und vor allem Paris „zur innovativsten europäischen Hauptstadt" machen. Das Ergebnis dürfte das Wachstum der französischen Wirtschaft beschleunigen und ein Schlüsselfaktor zur Steigerung der Wettbewerbsfähigkeit der französischen Wirtschaft sein.

3.3   Frankreichs Zukunftsbranchen

Forscher und Entwickler studieren oft im Auftrag der Regierungen die wichtigen mittelfristigen Trends für die Entwicklung der Welt und der Gesellschaft. Vor diesem Hintergrund rief Staatschef François Hollande im April 2013 die *Commission Innovation* ins Leben, mit dem Ziel, die wichtigsten potentiellen Innovationssektoren Frankreichs zu identifizieren, in denen die französische Wirtschaft bis 2030 weltweit eine führende Position erlangen soll. Auf der Grundlage der gesellschaftlichen Erwartungen und der bereits etablierten Wachstumsbranchen des Landes wurden sieben strategisch wichtige Wirtschaftszweige (frz. *ambitions*) identifiziert, die über günstige Voraussetzungen verfügen:

3.3.1   Speicherung von Energie

Bei der Energiespeicherung handelt es sich um einen wichtigen Beitrag zur Energiewende, der eine Steigerung von Produktivität und Effizienz in diesem Schlüsselsektor ermöglicht. Frankreich profitiert bereits heute von einer günstigen Position durch seine weltweit agierenden Großunternehmen und ein Netzwerk von kleinen innovativen Unternehmen im Energiesektor.

3.3.2   Recycling von seltenen Metallen

Die Verknappung von Rohstoffen – insbesondere die der seltenen Metalle – sowie der Umweltschutz machen das Recycling von Rohstoffen und Metallen auf Dauer unverzichtbar.

3.3.3   Nachhaltige Nutzung der Ressourcen aus dem Meer

Die Nutzung von Metalllagerstätten am Meeresboden einerseits sowie eine effizientere Technik zur Entsalzung von Meerwasser andererseits bieten mögliche Lösungsansätze, um die Herausforderungen zu bewältigen, die mit einer wachsenden Weltbevölkerung, der Erderwärmung und der Wasserknappheit in manchen Regionen der Erde einhergehen.

3.3.4   Pflanzeneiweiße und Pflanzenchemie

Die Produktion von Pflanzeneiweißen könnte eine Lösung für die weltweit wachsende Nachfrage nach Nahrungsmitteln sein und zum Zuge kommen, wenn die konventionelle Tierhaltung an ihre Grenzen stößt. Mit seiner leistungsfähigen Agrar- und Lebensmittelbranche, seiner kulinarischen Tradition und seiner Innovationsfreude ist Frankreich gut aufgestellt, um ein erhebliches Exportpotential in diesem Bereich zu entwickeln.

3.3.5   Personalisierte Medizin

Frankreich verfügt über ein international anerkanntes Gesundheits- und Forschungssystem, das im Zusammenspiel von Medizinprodukten, Therapien und digitalen Technologien eine stark personalisierte Medizin entwickeln könnte, die sowohl für den einzelnen Patienten als auch für die Gesellschaft insgesamt Vorteile bringt. Da Frankreich im Bereich der Biotechnologie bereits weit fortgeschritten ist, sind die Voraussetzungen für die Entwicklung einer personalisierten Medizin gut.

3.3.6   Die Silber-Wirtschaft – Innovationen im Dienste der langen Lebenserwartung

Die Zahl der Senioren wächst weltweit. Eine neue Branche soll Lösungen für die spezifischen Bedürfnisse von Senioren hervorbringen. Zu diesen Bedürfnissen zählen insbesondere Lösungen, die den Verlust der Autonomie ausgleichen. Das zentralisierte Gesundheitssystem und die gut funktionierende Innovationspolitik sind Frankreichs Vorteile für die Weiterentwicklung dieser Branche. Dienstleistungen für ältere Menschen bieten ein großes Entwicklungspotential.

3.3.7   Die Verwertung von großen Datenmengen (Big Data)

Die rasante Verbreitung von Daten, die sowohl von Privatpersonen als auch von Firmen und Behörden benutzt werden, wird neue Entwicklungen zur Steigerung der Produktivität unterstützen. Die französischen Mathematiker und Statistiker gehören zu den besten der Welt – eine gute Voraussetzung, um das Potenzial von Big Data zu nutzen. Auf der Webseite der französischen Botschaft in Deutschland ist zu lesen, dass zwei namhafte öffentliche französische Einrichtungen, das Institut Mines-Télécom (IMT), eine Gruppe angesehener französischer Ausbildungseinrichtungen unter der Schirmherrschaft des Wirtschaftsministeriums, und die Groupe des Ecoles nationales d'économie et de statistique (GENES) ihre Kompetenzen gebündelt haben, um sich gemeinsam dieser ehrgeizigen Herausforderung zu stellen, mit dem Ziel, schnellstmöglich das Know-how und die Innovationen in diesem Bereich auszubauen und der Nachwuchs auf die Berufe von morgen vorzubereiten.

Diese potentiellen Sektoren wurden von der *Commission Innovation* anhand mehrerer Kriterien ausgewählt. Dazu zählten vor allem das Potenzial für Wachstum und die Schaffung von Arbeitsplätzen sowie die Exportchancen. Gleichzeitig stützen sich die Zukunftsbranchen auf die bereits bestehenden Kernkompetenzen Frankreichs. Mithilfe dieser Wirtschaftszweige soll es gelingen, den Wohlstand und die Unabhängigkeit des Landes nachhaltig zu sichern und dafür zu sorgen, dass Frankreich auch in Zukunft eine wichtige Wirtschaftsmacht bleibt. Die von der Kommission erarbeiteten Ziele stellen ebenfalls eine Antwort auf die von der europäischen Kommission bereits identifizierten Herausforderungen der Zukunft dar.

Bereits heute werden hierfür die Weichen gestellt, und zwar durch eine langfristig orientierte klare und stabile Politik. Die Strategie am Anfang des 21. Jahrhunderts muss alle Hebel in Bewegung setzen: Vereinfachung der Rechtsvorschriften, finanzielle Förderung, Beschaffung durch öffentliche Hand, Forschung und Entwicklung, sowie diplomatische Präsenz. Der Staat muss auf die Dynamik der Regionen und auf seinen Mittelstand zählen können. Frankreich setzt bereits heute alles daran, um seine Ziele bis 2030 zu erreichen.

Die Werte der Franzosen

Laut einer im Dezember 2012 in der Tageszeitung *Le Monde* veröffentlichten Umfrage vom französischen Marktforschungsunternehmen Ipsos, erklären über 90 % der Franzosen, dass sie gerne in Frankreich leben. In Frankreich zu leben, das bedeutet zum Beispiel, in den Genuss eines der leistungsfähigsten Gesundheitssysteme der Welt zu kommen. Des Weiteren gehört Frankreich zu den Ländern mit der höchsten Lebenserwartung der Welt (78 Jahre für Männer, 84 Jahre für Frauen)[1]. Hinzu kommt, dass das französische Arbeitsrecht den Menschen dank 35-Stundenwoche und fünf Wochen Urlaub für alle ausreichend Freizeit verschafft. Frankreich ist ein landschaftlich attraktives Land mit einer großen geographischen Vielfalt und gilt als eines der sichersten Länder Europas.

Die französische Küche genießt einen außergewöhnlich guten Ruf und ist seit 2010 Teil des immateriellen Weltkulturerbes der UNESCO (dazu gehören 350 verschiedene Käsesorten, die Weinberge von Bordeaux, der Bourgogne und der Champagne, die gewürzreiche Küche der Antillen oder die kulinarischen Meisterwerke der Sterneköche). Das Land bietet eine große Vielfalt an erschwinglichen Freizeitaktivitäten und vielerorts außergewöhnliche Kunst- und Kulturschätze.

4.1 Die Werte der Republik

Freiheit, Gleichheit, Brüderlichkeit und Laizismus (*liberté, égalité, fraternité, laïcité*). Der Terroranschlag, der im Januar 2015 auf die Redaktion des Satiremagazins *Charlie Hebdo* in Paris verübt wurde, die weiteren Terroranschläge im *Bataclan* oder auf die Straßencafés im November 2015 sowie die darauffolgenden Demonstrationen und Solidaritätsbekundungen zeigen, wie wichtig den Franzosen

---

[1] Quelle: www.lexas.de.

© Springer Fachmedien Wiesbaden 2016
B. Souveton-Reichel, H. Brenner, *Projekt- und Geschäftsanbahnung in Frankreich,*
essentials, DOI 10.1007/978-3-658-12836-4_4

die Werte sind, die aus der französischen Revolution von 1789 hervorgingen und die seitdem die Grundwerte der Republik bilden. Dabei stellt die Meinungsfreiheit die Grundlage für alle anderen Freiheiten dar, denn die Achtung der Meinung des Einzelnen bildet die Voraussetzung für ein friedliches Zusammenleben. Die Franzosen halten eisern an der unter vielen Opfern erkämpften Demokratie und an ihrer lebhaften Debattenkultur fest, denn erst eine kontrovers geführte Debatte gibt der Gesellschaft die Möglichkeit, die Demokratie unter Berücksichtigung vielfältiger Bürgerinteressen weiterzuentwickeln. Durch die Verteidigung des uneingeschränkten Rechts auf Gewissensfreiheit, Meinungsfreiheit und Wahlfreiheit trägt der Laizismus zu einem modernen Humanismus bei, der jeder Frau und jedem Mann gleichen Zugang zu Wissen und Verantwortung gewährt. Freiheit stellt für die Franzosen, wie für alle anderen aufgeklärten Länder, einen unveräußerlichen Wert dar.

Seit 1905, als das Gesetz zur Trennung von Kirche und Staat verabschiedet wurde, ist Frankreich ein laizistisches Land. Eine große Mehrheit der Franzosen befürwortet dieses Gesetz nach wie vor. So ist der Laizismus für die französische Bevölkerung einer der wichtigsten Grundsätze der Republik. Das bedeutet keinesfalls, dass die Franzosen nicht gläubig sind und ihre Religion nicht praktizieren oder dass sie die Bedeutung der Religionen für die Vermittlung von Werten und Normen gering schätzen. Es ist vielmehr so, dass Religion in Frankreich eine Privatangelegenheit darstellt.

4.2 Eine nicht ganz ernst gemeinte Klischeesammlung

4.2.1 Sprache

Die Franzosen, so sagt man, besitzen ein ausgeprägtes Nationalbewusstsein. Dieses Nationalbewusstsein schlägt sich natürlich im Verhältnis der Menschen zu ihrer Sprache nieder. Ob Französisch tatsächlich eine der schönsten Sprachen der Welt ist, mag eine Frage des Geschmacks sein. Tatsache ist, dass immer weniger deutsche Schüler sich für Französisch entscheiden und stattdessen lieber Spanisch – eine andere romanische Sprache – lernen. Natürlich haben Französisch und Spanisch einen geringeren Stellenwert als das Englische bzw. die englische und amerikanische Kultur. Dabei ist der Drang, sich sprachlich an Amerika zu orientieren, auch in Frankreich zu spüren, wenngleich viel verhaltener als beispielsweise in Deutschland. Die Franzosen sind als Fremdsprachenmuffel bekannt. Jeder englische Tourist wird dies schon einmal erfahren haben. Mathematik hat grundsätzlich einen höheren Wert als Sprachen, auch in der Schule.

4.2.2   Die Französinnen

In Deutschland hält sich hartnäckig das Klischee von der Französin als dem Inbegriff von Charme und Schönheit – einem positiven Vorurteil, dem an dieser Stelle nicht widersprochen werden soll. Festzustellen ist jedoch, dass die Französinnen Wert auf ihre äußere Erscheinung legen. Vielleicht ist dies auf die Modebranche Frankreichs zurückzuführen, die nicht zuletzt wegen ihrer Haute Couture auf den internationalen Laufstegen Einzug hält.

4.2.3   Urlaub

Franzosen verbringen ihren Sommerurlaub mehrheitlich im eigenen Land, im Kreis ihrer Freunde oder ihrer Familie. Der Grund dafür ist möglicherweise die französische Landschaft, die für jeden Geschmack etwas bietet: Fischen auf hoher See in der Bretagne oder entspannen am Strand unter der Mittelmeersonne. Hochgebirgswandern in den Alpen oder den Pyrenäen oder etwas gemütlicher in der alten Vulkanlandschaft der Auvergne, beispielsweise auf dem so populären Jakobsweg, der bis nach Spanien führt. Viele Franzosen verbringen ihren Urlaub mit der Familie auf dem Land, an einem Fluss oder an einem der zahlreichen Binnenseen z. B. in Ferienclub, auf Campingplätzen oder in einem Ferienhaus, wo Freunde oder Großfamilie genügend Platz finden. Dabei kommt der Kulturgenuss nicht zu kurz, denn eine der 35 UNESCO-Weltkulturerbe-Stätten oder eine sonstige lokale Sehenswürdigkeit befindet sich immer in der Nähe des Urlaubsorts.

4.3   Freizeit

Die Hälfte der Franzosen wünscht sich mehr Freizeit und möchte mehr Zeit mit ihrer Familie verbringen.

Durch die Verkürzung der Arbeitszeit steht inzwischen mehr Freizeit zur Verfügung. Hinzu kommt, dass die Kaufkraft seit 1945 zugenommen hat, so dass Freizeitaktivitäten heute eine große Bedeutung zukommt. Diese Entwicklung ist im Zusammenhang mit der Entwicklung der Konsumgesellschaft zu sehen.

Eine Studie des französischen Instituts für Statistik (INSEE)[2] vom November 2011 geht ganz grundsätzlich der Frage nach, wie die Franzosen heute ihre Zeit verbringen und welche Änderungen seit 1999 eingetreten sind. Dabei unterscheidet

---

[2] INSEE, Studie „Emploi du temps 2009–2010".

die Studie zwischen der Zeit für physiologische Grundbedürfnisse (Schlafen, Essen, Waschen, Anziehen), der Arbeitszeit (Arbeit und Pendelzeiten), der Zeit für Arbeiten im Haushalt und der eigentlichen Freizeit:

So verbringen die Menschen in Frankreich zwölf Stunden pro Tag zur Befriedigung ihrer Grundbedürfnisse (Mahlzeiten, Schlafen, Waschen usw.).

- Männer arbeiten durchschnittlich 37 h und 15 min pro Woche, Frauen 29 h und 5 min. Dieser Unterschied erklärt sich dadurch, dass Frauen häufiger in Teilzeit arbeiten als Männer.
- Frauen wenden 3 h und 52 min pro Tag für Arbeiten im Haushalt auf, Männer 2 h und 24 min.
- Die Freizeit ist definiert als die Zeit, die weder für die Grundbedürfnisse, noch für den Beruf noch für Tätigkeiten im Haushalt noch für Fahrten und Reisen aufgewendet wird. 2010 hatten die Franzosen pro Tag 4 h und 58 min Freizeit zur Verfügung.

Freizeit: Die Hälfte der Zeit verbringen die Menschen vor dem Bildschirm. Fernsehen ist mit großem Abstand die wichtigste Freizeitbeschäftigung der Franzosen, die, wie bereits 1999, durchschnittlich zwei Stunden pro Tag Fernsehen. Hausfrauen sehen mehr fern, Studenten weniger.

Die Franzosen verbringen im Durchschnitt 2 h und 30 min pro Tag aus nicht berufsbezogenen Gründen vor einem Bildschirm. Die Zeit vor dem Fernseher nimmt mit dem Alter zu; dies gilt jedoch nicht für die Zeit, die die Menschen vor einem Bildschirm sitzen. So sind es die Jüngsten, die im Durchschnitt mehr als 1 h pro Tag vor einem Computermonitor verbringen, bei den über 50-jährigen sind es nur 20 min. Die Gymnasiasten und Studenten haben das Fernsehen zum Teil durch den Computer und das Internet ersetzt.

Die Zeit, die die Menschen mit dem Lesen von Büchern und Zeitungen (einschließlich Online-Zeitungen) verbringen, ist seit 1986 um ein Drittel (9 min pro Tag) zurückgegangen. Diese Entwicklung ist zwar vor allem auf die Nichterwerbstätigen und Arbeitslosen zurückzuführen, doch grundsätzlich gilt, dass alle Menschen immer weniger lesen. Die eifrigsten Leser sind nach wie vor die Senioren, die mehr als eine halbe Stunde pro Tag der Lektüre widmen.

Sport: Der Stellenwert des Sports ist in der französischen Gesellschaft erheblich gestiegen. So spielt der Sport in der Schule eine größere Rolle, und es werden zahlreiche verschiedene Disziplinen ausgeübt. Dies führt dazu, dass so mancher Sportbegeisterte eine Karriere im Leistungssport anstrebt und an internationalen Wettkämpfen teilnimmt. Zwar ist Fußball nach wie vor die bevorzugte Sportart der Franzosen, doch hat er in letzter Zeit an Beliebtheit und Ansehen eingebüßt, während immer mehr junge Franzosen Rugby spielen. Rugby, Radsport und das Boule-Spiel sind typisch französische Sportarten. Außerdem lässt sich zurzeit eine Trendwende beobachten, denn immer mehr Franzosen – insbesondere junge Menschen – setzen in der Stadt auf das Fahrrad als Verkehrsmittel. Traditionelle Sportarten wie die Jagd oder die Flussfischerei bedürfen einer Genehmigung. Das typisch französische Boule-Spiel wiederum (*pétanque* oder *boule lyonnaise*) ist ein kurzweiliges Spiel, dem man gerne mit der Familie oder Freunden nachgeht.

Spiele: Die Franzosen spielen gerne Gesellschaftsspiele mit Familienangehörigen oder Freunden. Bücher und Print-Medien verlieren gegenüber Computerspielen, der Beschäftigung mit dem PC und anderen audiovisuellen Medien an Bedeutung. Zwei Drittel aller Franzosen spielen Videospiele, und zwar immer häufiger auf mobilen Endgeräten. Darüber hinaus sind 60 % aller Franzosen als Hobbygärtner tätig und widmen sich ihrem Gemüse- oder Ziergarten. Freizeitparks wie das *Futuroscope* in Poitiers oder *Euro Disney* bei Paris erfreuen vor allem die Städter und ziehen ein nationales wie internationales Publikum an.

Der Urlaub ist den Franzosen heilig. Seit der Einführung des bezahlten Urlaubs im Jahr 1936, zu dem noch 11 Feiertage pro Jahr kommen, haben mehr als ein Viertel aller Franzosen mehr als 30 Tage Urlaub pro Jahr. Die Franzosen bevorzugen den Individualurlaub, den sie vor allem in Frankreich verbringen. Wenn sie ins Ausland fahren, dann vor allem in die Nachbarländer oder in ein nordafrikanisches Land, in dem Französisch gesprochen wird.

4.4 Kunst und Kultur

Im Gegensatz zu den angelsächsischen Ländern, in denen Kunst und Kultur vor allem über private Stiftungen finanziert werden, spielt in Frankreich traditionell der Staat eine große Rolle für Kunst und Kultur, denn künstlerische und kulturelle Aktivitäten werden stark subventioniert.

Seit der französischen Revolution werden Denkmäler und wichtige Stätten als kulturelles Erbe unter besonderen Schutz gestellt (*protection du patrimoine*). 1959 wurde das Ministerium für Kultur geschaffen und mit André Malraux besetzt, der dem Volk durch den Bau von Kulturhäusern (*Maisons de la culture*) die Kunst näher bringen wollte. Das Kulturministerium, das 1997 in „Ministerium für Kultur und Kommunikation" (*Ministère de la Culture et de la Communication*) umbenannt wurde, hat die Aufgabe, die Spuren und Zeugnisse der Vergangenheit zu erhalten, das kulturelle Erbe zu vergrößern und sämtliche Kunstformen wie bildende Kunst, Lyrik, Tanz, Musik und Filmkunst zu fördern.

Seit jeher fördert Frankreich die schönen Künste. In der Architektur hat Frankreich bereits ein großes Erbe vorzuweisen. In der Malerei haben auch in Frankreich durch die Jahrhunderte sämtliche Stilrichtungen Schule gemacht. Trotz der Bemühungen um eine Dezentralisierung der Museen sind die wichtigsten Werke und selbst neuere Arbeiten nach wie vor nur in der Hauptstadt zu sehen.

Daneben sind auch Musik und Tanz in Frankreich lebendig. Frankreich hat im Laufe der Jahrhunderte zahlreiche berühmte Komponisten hervorgebracht. Auch die französische Gesangs- und Liedkunst haben eine lange Tradition, die vom Mittelalter (Troubadoure, Minnesänger) bis in die heutige Zeit reicht. Das Ballett der Pariser Oper gehört zu den berühmtesten Ballett-Ensembles der Welt.

Das Kino ist eine französische Erfindung. Auguste und Louis Lumière sind die beiden französischen Ingenieure, die 1895 die Technik der bewegten Bilder mit Ihrem *Cinématographe* erfanden und die erste öffentliche Kinovorführung veranstalteten. Der französische Film genießt heute noch internationales Ansehen (*Festival de Cannes*), umfasst zahlreiche Genres und hat einen besonders hohen Stellenwert im Leben der Franzosen, die regelmäßig ins Kino gehen. Das Theater wiederum, das früher nur den Gebildeten vorbehalten war, hat seit der Erfindung der modernen Komödie im 18. Jahrhundert einen enormen Aufschwung erlebt. Jedes Jahr finden in mehreren französischen Städten zahlreiche Theaterfestivals statt.

Zur Förderung des Buchabsatzes haben verschiedene große Verlagshäuser Literaturpreise ausgelobt (*Prix Goncourt, Prix Renaudot, Prix Médicis, Prix Interallié, der Grand Prix du Roman der Académie française*). Neben den Universitätsbibliotheken gibt es im gesamten Land moderne Bibliotheken und Büchereien, die allen Bürgerinnen und Bürgern zur Verfügung stehen (*Bibliothèques pour Tous*). In der vom französischen König François I. 1537 gegründeten Nationalbibliothek (*Bibliothèque nationale*) steht jedes Werk, das in Frankreich jemals veröffentlicht wurde.

Wie der Mensch mit der Kultur umgeht, hängt vom Alter, aber auch vom Bildungsniveau sowie den kulturellen Möglichkeiten ab, wobei das Kulturangebot in der Stadt größer ist als auf dem Land. Der Begriff „Umgang mit der Kultur" umfasst u. a. Wissen, Überzeugungen, Moralvorstellungen und Gewohnheiten. Die neuen digitalen Medien fördern die Entwicklung einer Massenkultur. So hat das Internet stark zur Demokratisierung des Zugangs zu Bildung und Kultur beigetragen, und das nicht nur in Frankreich.

Leben und arbeiten in Frankreich 5

5.1 Arbeiten in Frankreich

5.1.1 Rechtslage

In Frankreich gibt es einen gesetzlichen Mindestlohn und die 35-Stunden-Woche. Seit dem 1. Januar 2015 liegt der französische Mindestlohn, also der SMIC (*Salaire minimum interprofessionnel de croissance*) bei 9,61 € brutto pro Stunde. Das entspricht bei einer 35-Stunden-Woche monatlich 1457,52 € brutto[1]. Der Mindestlohn ist in Deutschland seit dem 1. Januar 2015 Gesetz und beträgt 8,50 € brutto pro Stunde[2]. Bei einer 37,5 Stundenwoche, macht das monatlich 1381,00 und bei 40 Stundenwoche sind es 1473,00 €.

5.1.2 Vereinbarkeit von Familie und Beruf

Zahlreiche Einrichtungen sorgen dafür, dass Beruf und Familie miteinander vereinbar sind. Dadurch verzeichnet Frankreich eine höhere Quote von erwerbstätigen Frauen als z. B. Deutschland. Frankreich ist auch das Land mit der höchsten Geburtenrate in Europa[3]. Der Staat sorgt für Rahmenbedingungen, die eine bessere Vereinbarkeit von Beruf und Familie ermöglichen: Der Ausbau von Betreuungseinrichtungen, flexible Arbeitszeiten oder der Ausbau der Telearbeit sollen dafür die Voraussetzungen schaffen und die Bildung für alle unterstützen.

---

[1] Quelle: www.service-public.fr.

[2] Quelle: www.bundesregierung.de.

[3] Quelle: www.de.statista.com.

© Springer Fachmedien Wiesbaden 2016
B. Souveton-Reichel, H. Brenner, *Projekt- und Geschäftsanbahnung in Frankreich,* essentials, DOI 10.1007/978-3-658-12836-4_5

Auch das Betreuungsangebot für Kinder ist sehr gut ausgebaut. Die Krippe (*crèches*) bietet eine ganztägige Kinderbetreuung für die Kleinsten. Nahezu alle Kinder zwischen 3 und 6 Jahren besuchen die Vorschule (*école maternelle*). Anders als in den meisten öffentlichen deutschen Kindergärten, lernen die Kinder in der französischen Vorschule neben sozialem Verhalten in spielerischer Form Lesen, Rechnen und Schreiben.

Auch Unternehmen profitieren von dieser Betreuungsstruktur, denn sie müssen auf Ihre hoch qualifizierten Mitarbeiterinnen und Mitarbeiter nicht mehr verzichten.

5.1.3 Voraussetzungen

Mit Ausnahme von bestimmten Stellen im öffentlichen Dienst, für die nur französische Staatsangehörige in Frage kommen, dürfen Deutsche (sowie alle EU-Bürger) in Frankreich jede Arbeit annehmen. Allerdings sind gute Sprachkenntnisse unabdingbar. Sie erleichtern die berufliche Entwicklung ungemein und nicht zuletzt die soziale Integration. Selbst wenn in den großen französischen Firmen Englisch als internationale Verkehrssprache verwendet wird, erwarten die Unternehmen die Beherrschung des Französischen in Wort und Schrift auf hohem Niveau. Deutsche Bewerber mit sehr guten Französischkenntnissen haben im Allgemeinen gute Chancen auf dem französischen Arbeitsmarkt.

5.1.4 Arbeitsuche

Um sich auf eine Stelle zu bewerben genügt es in Frankreich lediglich ein überzeugendes stilvoll geschriebenes sowie fehlerfreies Bewerbungsschreiben (*Lettre de motivation*) mit einem separaten klar strukturierten Lebenslauf (*Curriculum vitae*, kurz *CV*), der die Qualifikationen und Kompetenzen des Bewerbers hervorhebt. Zahlreiche Internetportale geben Tipps für die Verfassung eines solchen Motivationsschreibens. Im digitalen Zeitalter gibt es zusätzlich die Möglichkeit, seinen Lebenslauf ins Internet zu stellen. Für Frankreich empfehlen sich die Portale von Viadeo und LinkedIn (Bewerbung auf Englisch).

5.1.5 „Entrepreneurship" gefragt!

Anders als noch vor wenigen Jahren, ergreifen heute viele junge Franzosen der „digital native"-Generation die Möglichkeit, ein eigenes Unternehmen oder Start-up zu gründen. Renommierte französische Hochschulen für Handel und Ingenieurwesen integrieren bereits das Fach „Entrepreneurship" in ihre Studiengänge und unterstützen auch manche Neugründungen mit eigenen Start-up-Förderprogrammen (*incubateurs*).

Somit ist Existenzgründung zu einem echten Trend geworden. Start-ups sind natürlich in Paris aber auch in anderen Regionen wie Grenoble, Lille, Lyon, Bordeaux oder Toulouse willkommen. Die französische Regierung unterstützt insbesondere im IT-Bereich die Gründung von Start-ups und hat sogar einen *Secrétaire d'État chargé du Numérique* (Staatssekretär für Digitales) im Wirtschaftsministerium angesiedelt: Die Marke „La French Tech" hat die Aufgabe, die internationale Bekanntheit von französischen Start-ups langfristig zu stärken.

Jedoch sollte man beachten: Bei Geschäften mit Verbrauchern (B2C) gilt oft das französische Recht, selbst wenn die Firma ihren Sitz in Deutschland hat. Andere rechtliche Besonderheiten wie Datenschutz, Widerrufsrecht, Zahlungsarten und andere spezifische Angaben, die im Land Gültigkeit haben, müssen ebenfalls beachtet werden. Selbstverständlich sollte auch die Verkaufsdokumentation und besonders die Webseite in perfektem Französisch erstellt werden. Für eine effiziente Kommunikation empfiehlt es sich, eine französische Anschrift sowie Telefonnummer und E-Mail-Adresse anzugeben.

Die Wahl der Rechtsform (GmbH, Personen- oder Kapitalgesellschaft) hängt von vielen Faktoren und von der Art der Geschäftstätigkeit ab.

5.1.6 Die französischen Rechtsformen im Überblick

Zu den Rechtsformen der Kapitalgesellschaften, bei denen die Haftung der Gesellschafter auf die Höhe der jeweiligen Einlage begrenzt ist, zählen die *Société à Responsabilité Limitée* (SARL), also die Gesellschaft mit beschränkter Haftung, die *Société Anonyme* (SA), die Aktiengesellschaft, sowie die *Société par Actions Simplifiée* (SAS), eine vereinfachte Form der Aktiengesellschaft.

Die SARL hat den Vorteil, dass sie nur mit zwei Gesellschaftern gegründet werden kann. Eine Sonderform der SARL stellt das *Entreprise Unipersonnelle à Responsabilité Limitée* (EURL) dar, das aus einem einzigen Gesellschafter besteht.

Das Stammkapital der SARL kann im Rahmen der Satzung frei festgelegt werden. Einen bestimmten Mindestbetrag verlangt das Gesetz nicht, so dass theoretisch die Gründung eines SARL mit nur einem Euro möglich ist.

Bei der *Société Anonyme* (SA) ist das Grundkapital in Aktien gestückelt. Die Gründung einer SA setzt mindestens sieben Aktionäre voraus und das Grundkapital beträgt mindestens 37.000 €, (für börsennotierte SA, beträgt das Mindestkapital

225.000 €)[4]. Die Organe der SA sind in Frankreich traditionell der Verwaltungsrat (*Conseil d'Administration*) und der Generaldirektor (*Directeur Général*).

Die Kapitalgesellschaft *Société par Actions simplifiée* (SAS) ist eine vereinfachte Form der *Société Anonyme* (SA). Die im französischen Gesellschaftsrecht relativ neue Rechtsform bietet eine enorme Flexibilität, sie ist für natürliche Personen ebenso wie für Tochterunternehmen ausländischer Firmen ideal für die Gründung von kleinen und mittelständischen Unternehmen.

Darüber hinaus stehen auch die supranationalen Gesellschaftsformen für Unternehmen zur Verfügung, die innerhalb der Europäischen Union mindestens in zwei Ländern präsent sind. Dazu gehören derzeit die Europäische Wirtschaftliche Interessenvereinigung, kurz EWIV, die in Frankreich *Groupements d'Intérêt* (GIE) heißt, und die Societas Europaea (SE), die Europäische Aktiengesellschaft.

Die regionalen Industrie und Handelskammern geben hierzu gerne Auskunft, bzw. können bei der Suche nach Experten behilflich sein.

5.1.7   Ausländische Investoren

Für ausländische Investoren, die in Frankreich ein Unternehmen oder eine Niederlassung gründen möchten, gibt es mehrere Stellen, die man ansprechen kann, zum Beispiel *Business France*. Dabei handelt es sich um eine 2015 gegründete Agentur, die sich unter anderem um die Förderung von internationalen Investitionen kümmert. Sie informiert die Investoren über die einschlägigen Rechtsvorschriften, unterstützt sie bei der Identifizierung von finanziellen Vorteilen auf regionaler und nationaler Ebene und bietet Unterstützung bei den administrativen Aufgaben oder dem Kontakt mit staatlichen Stellen und Behörden.

Auch das Ministerium für Wirtschaft, Finanzen und Industrie stellt eine ganze Reihe von Informationen für Unternehmensgründer zur Verfügung und bietet ebenfalls individuelle Beratungsleistungen.

Trotz der für Unternehmer eher unattraktiven Aspekte wie der 35 Stunden-Woche, einem höheren Mindestlohn und des latenten Streikrisikos ist Frankreich das Land mit der zweitgrößten Anzahl an ausländischen Investoren. Dafür gibt es gute Gründe:

- Frankreich ist die fünftgrößte Wirtschaftsmacht der Welt und zählt bereits über 20.000 ausländische Firmen, die 2 Mio. Arbeitsplätze sichern[5].

---

[4] Quelle: www.prof-dr-anton.de.

[5] Quelle: www.economie.gouv.fr.

- Das Land hat eine strategisch günstige geographische Lage innerhalb Europas und verfügt über eine sehr gut ausgebaute Verkehrsinfrastruktur mit einem leistungsfähigen Straßen- und Autobahnnetz und dem Hochgeschwindigkeitszug TGV. Dadurch sind Städte wie London, Brüssel, Amsterdam, Frankfurt oder Stuttgart schnell zu erreichen. Wasserstraßen und wichtige Häfen wie Le Havre (am Atlantik) oder Toulon und Marseille (am Mittelmeer) sowie internationale Flughäfen runden das Angebot der Verkehrsinfrastruktur ab.
- Zu den wichtigsten Vorzügen Frankreichs zählt auch der Bereich der Forschung und Entwicklung, der als Nährboden für Innovationen in diesem Bereich gilt. Die Unternehmen (auch die ausländischen) beteiligen sich stark an Forschungsprojekten der französischen Wirtschaft, besonders in den Hochtechnologiebranchen. Der Crédit d'impôt Recherche, eine Steuergutschrift für Forschungsausgaben, bietet einen steuerlichen Vorteil ohnegleichen (30 % der Forschungs- und Entwicklungsausgaben bis 100 Mio. €). Zahlreiche Unternehmen machen sich diese Steuervergünstigung zunutze.
- Das französische Bildungssystem mit seine Eliteschulen profitiert von einem weltweit guten Ruf; die französischen Arbeitskräfte sind in der Regel hochqualifiziert. So haben 43 % der Arbeitskräfte zwischen 25 und 34 Jahren einen höheren Bildungsabschluss erreicht (Deutschland 26 %)[6].

Frankreich heißt ausländische Investoren willkommen: Eine gute Lage, geringe Kosten für Niederlassungen, qualifizierte Arbeitskräfte, ein attraktives steuerliches Umfeld, eine sehr hohe Wettbewerbsfähigkeit im Sektor Forschung und Entwicklung – all das macht Frankreich für ausländische Investoren attraktiv.

5.2   Kulturelle Unterschiede

Frankreich ist für Deutschland ein sehr wichtiger Handelspartner. Geographisch so nah, sind die kulturellen Unterschiede offensichtlich. Nicht selten kommt es bereits im Vorfeld einer Zusammenarbeit zu Missverständnissen, die eine Geschäftsbeziehung erschweren, oftmals auch scheitern lassen. Es ist daher mehr als hilfreich, die Kultur und die Mentalität des Geschäftspartners kennenzulernen und damit umgehen zu können.

---

[6] Quelle: www.france.fr.

5.2.1 Kulturraum Frankreich

Das Bewusstsein der Franzosen für die Geschichte des eigenen Landes ist in der französischen Kultur fest verankert und reicht weit zurück in die Vergangenheit. Dieses Selbstbewusstsein bildet die Grundlage für die französische Gesellschaftsstruktur, die durch das Zusammenspiel aus egalitärer Ideologie und zentralistischer Elitenbildung gekennzeichnet ist.

Neben staatlichem Zentralismus prägen auch die Trennung von Kirche und Staat (1905) und die Demokratisierung und Öffnung des Bildungswesens für alle sozialen Schichten die französische Bildungsstruktur. Die Förderung industrieller und technologischer Prestige-Projekte dient auch der Selbstdarstellung sowohl nach innen als auch nach außen.

5.2.2 Geschäfts- und Arbeitsleben

Vor diesem Hintergrund versteht man besser, warum die französischen Führungskräfte überwiegend aus einer der Elitenschulen (*Grandes Écoles*) kommen. Die Aufnahmeprüfungen dieser Hochschulen sind sehr schwer und sie stellen hohe Anforderungen an die Allgemeinbildung.

Im Geschäftsleben spielen die menschlichen Beziehungen stets eine wesentliche Rolle, besonders aber in Frankreich. Diese bilden die Grundlage für die Anbahnung des Geschäfts und dessen Ausbau. Der persönliche Kontakt kann die nächste Tür öffnen. Bei der Geschäftsanbahnung oder -abwicklung sollte dieser Aspekt berücksichtigt und genügend Zeit eingeplant werden.

Historisch bedingt, bildet Frankreichs Hauptstadt Paris das Zentrum der Nation. Alle Wege führen nach Paris, Frankreich wird von Paris aus regiert. Diese zentrale Stellung der Hauptstadt spiegelt sich auch im Führungsstil vieler Manager wider: Entscheidungen werden zentral getroffen, etwa vom *patron*. Es wird erwartet, dass der Chef die Entscheidung trifft, die Probleme löst, seine Autorität einsetzt wo notwendig, die Strategie vorgibt, anders als in Deutschland, wo Teamarbeit mit eigener Kompetenz und Verantwortung die Struktur bildet.

5.2.3 Kommunikationsstile

Jede Kultur unterscheidet sich auch durch ihren Kommunikationsstil. Dieser Aspekt wird oft unterschätzt und kann zur Irritationen führen, im schlimmsten Fall sogar zu Missverständnissen. In seinem Bemühen, jegliche Mehrdeutigkeit zu vermeiden, lässt sich bei Deutschen Führungskräften ein eher expliziter

Kommunikationsstil feststellen, der sich in der Regel von dem impliziten Sprachstil seiner französischen Geschäftspartner unterscheidet, in welchem er eine Zurückhaltung von Informationen sieht, wenn nicht alle Details auf den Tisch gelegt werden. Dies muss jedoch nicht stimmen. Umgekehrt wird der französische Partner im Gespräch meistens davon ausgehen, dass die Informationen aus dem Zusammenhang logisch abgeleitet und richtig interpretiert werden, auch wenn alle Einzelheiten nicht ausdrücklich dargelegt werden. Der Kommunikationsstil deutscher Handelspartner ist also in der Regel explizit, klar und deutlich, die Informationen werden bis ins kleinste Detail kommuniziert, um sicher zu gehen, dass alles richtig verstanden wurden, was wiederum auf der französischen Seite wie ein Ausdruck eines Machtanspruchs interpretiert wird, was natürlich auch nicht unbedingt stimmen muss. Ergebnis: Die Franzosen sind frustriert, weil sie den Eindruck haben, dass der deutsche Partner sie für dumm hält. Dadurch kommt es zu Missverständnissen und Fehlinterpretationen. Sie erschweren die Arbeit und stehen der Entstehung einer vertrauensvollen, tragfähigen Geschäftsbeziehung oft im Weg.

Während deutsche Mitarbeiter erfahrungsgemäß davon ausgehen, dass alle Informationen bekannt werden, die zur Ausübung der Tätigkeit gebraucht werden (Bringschuld), sehen es französische Angestellte als ein Teil ihrer Beschäftigung an, Informationen eigenständig einzuholen (Holschuld). Man unterhält sich also im Flur oder am Getränkeautomat zum Zwecke des Informationsaustauschs. Dies ist ein aktiver Prozess.

Die deutschen Mitarbeiter sehen Besprechungen als Informationsveranstaltung unter Experten; In französischen Firmen sehen Besprechungen eher für eine Austauschplattform mit vielen Ideen aber ohne festen Plan. Der Plan wird danach erstellt, und die Entscheidung wird vom *patron* getroffen.

Für den deutschen Geschäftspartner ist der Kommunikationsstil seines französischen Kollege oder der Mitarbeiter oft irreführend und anstrengend. Es wird also empfohlen, sehr auf den Kontext zu achten, um die Informationen gut zu verstehen und zu interpretieren. Die Mitteilung hängt stets vom Zusammenhang ab, den man als Gesprächspartner gut kennen sollte. Diese Übung erfordert Geduld und Feingefühl und kostet viel Zeit.

Missverständnisse in der interkulturellen Kommunikation werden durch Fehlinterpretationen von Signalen und Verhaltensweisen verursacht, die in der eigenen Kultur eine andere Bedeutung haben. Missverständnisse entstehen auf drei Ebenen: Körpersprache, Sprache (sichtbare Ebene) und Einstellungen (unsichtbare Ebene); Sie wirken auf der emotionalen Ebene, provozieren Reaktionen, hemmen die Entstehung einer Vertrauensbasis und können nur durch Änderung der Einstellungen (unsichtbare Ebene) gelöst werden.

Es ist daher mehr als hilfreich, die Kultur und die Mentalität des Geschäftspartners kennenzulernen und damit umgehen zu lernen.

Was Sie aus diesem *essential* mitnehmen können

- Verschafft ein solides Grundwissen über das Wesentliche, was man über ein Land wie Frankreich wissen muss
- Zeigt die Voraussetzungen und die möglichen Wege für eine erfolgreiche Projekt- und Geschäftsanbahnung in Frankreich
- Gibt Auskunft über Land und Leute und über deren Werte im Alltag

B. Souveton-Reichel, H. Brenner, *Projekt- und Geschäftsanbahnung in Frankreich*, essentials, DOI 10.1007/978-3-658-12836-4

Nützliche Links

CCI de France www.cci.fr
Arbeitsvermittlungsbehörde Pôle emploi www.pole-emploi.fr
Business France www.businessfrance.fr
Deutsches Sozialwerk in Frankreich www.entraide-allemande.org
Deutsch-Französische Jobbörse www.connexion-emploi.com
Französische Botschaft in Deutschland www.ambafrance-de.org
Offizielle Webseite für Tourismus www.rendezvousenfrance.com
Offizielle Seite Frankreichs www.france.fr
Deutsch-französisches Internetportal www.france-allemagne.fr
Sprachenservice Reichel www.sprachenservice-reichel.de

© Springer Fachmedien Wiesbaden 2016
B. Souveton-Reichel, H. Brenner, *Projekt- und Geschäftsanbahnung in Frankreich*,
essentials, DOI 10.1007/978-3-658-12836-4

Zum Weiterlesen

Ammon, Günther *Der französische Wirtschaftsstil* Bolten, Jürgen, München 1989
Bernard, Guillaume, de Gunten Bernard *Les institutions de la France* clé International, 2014
Fischer, Matthias *Interkulturelle Herausforderungen im Frankreichgeschäft* Springer, Auflage 1996
Herterich, Klaus W. *Das Frankreich-Geschäft: Verkaufspraxis, Personalführung, Rechtliche Vorschriften* Springer, 2. Auflage 1989
Liehr, Günter *Frankreich Ein Länderporträt* Christoph Links Verlag GmbH, 2007, 2. Auflage, März 2013
Strübing, Martin *Die Interkulturelle Problematik deutsch-französischer Unternehmenskooperationen* Springer, Auflage 1997

© Springer Fachmedien Wiesbaden 2016
B. Souveton-Reichel, H. Brenner, *Projekt- und Geschäftsanbahnung in Frankreich*,
essentials, DOI 10.1007/978-3-658-12836-4

Lesen Sie hier weiter

Hatto Brenner · Cecilia Misu (Hrsg.)

**Internationales
Business Development**
Export-Märkte, Risikoanalyse,
Strategien

2015, VIII, 355 S.,
Softcover € 39,99
ISBN 978-3-658-05658-2

Änderungen vorbehalten.
Erhältlich im Buchhandel oder beim Verlag.

Einfach portofrei bestellen:
leserservice@springer.com
tel +49 (0)6221 345-4301
springer.com